ILLUSTRÉE
N° 53
CARNOT
LA
RÉVOLUTION FRANÇAISE
10
SOUS LA DIRECTION DE

MODE DE PUBLICATION

Il paraît un volume par semaine. Chaque volume pris chez l'éditeur ou chez les libraires ou marchands de journaux, coûte 10 Centimes.

Chaque volume envoyé *franco* par la poste, coûte 15 Centimes.

Cette augmentation n'est pas autre chose que le prix réclamé par la poste. — Les cinquante premiers volumes sont :

CARNOT

LA RÉVOLUTION FRANÇAISE

Le nom que porte le premier magistrat de la République française est si intimement lié à la vie de notre siècle que c'est en faire l'histoire que de raconter leur existence.

Quelques mots, d'abord, sur l'illustre Carnot, le grand'père du président de la République. Né à Nolay (Côte-d'Or) en 1753, il était issu d'une famille fort ancienne et fort respectée dans le pays. Admis à l'âge de dix-huit ans à l'école du génie de Mézières comme lieutenant en second, il tint successivement garnison à Calais, le Havre, Béthune, Arras, Dijon. Les occupations militaires ne l'empêchaient pas de continuer les travaux littéraires et scientifiques qui lui valurent une grande notoriété.

Son rôle politique ne commença qu'avec l'Assemblée législative, où il siéga comme député du Pas-de-Calais. Là, il prit une part prépondérante aux réformes militaires et à l'organisation des armées de la République. Réélu à la Convention, puis nommé membre du Comité du salut public, il est chargé du personnel et des mouvements des armées. C'est la grande époque de sa vie ; la France était menacée de tous côtés : Carnot par un travail écrasant, organise d'abord la défense du sol national, rétablit l'ordre et la discipline dans les quatorze armées de la République, trace les plans de campagne, inspire les manœuvres et enfin *organise la victoire*. 27 victoires, dont 8 en batailles rangées, 120 combats, 80,000 ennemis tués, 91,000 prisonniers, 116 places fortes ou villes importantes occupées, 3,800 canons, 70,000 fusils et 90 drapeaux tombés en notre pouvoir : tel est le tableau présenté par Carnot lui-même en rentrant, à l'expiration de ses pouvoirs, au sein de l'Assemblée, et après avoir dirigé pendant dix-sept mois les armées de la République.

Outre la direction des opérations militaires, Carnot avait associé son nom, dans cette période, à la création de l'École polytechnique, de l'École militaire, du Conservatoire des arts-et métiers, de l'École normale, du Bureau des longitudes, etc.

Condamné à la déportation après le 18 fructidor, il parvint à se réfugier en Allemagne. Il rentra en France après le 18 brumaire, fut nommé inspecteur aux revues, puis ministre de la guerre en 1800. Pendant le premier empire, il vécut dans la retraite, jusqu'à l'heure des grands revers. Alors il offrit ses services à Napoléon et reçut le commandement d'Anvers. Carnot n'avait jamais voulu se signer un brevet d'officier général à l'époque où il dirigeait l'administration de la guerre. On s'aperçut, quand il rédigea les lettres qui l'appelaient à la direction de la défense d'Anvers, qu'il n'avait que le grade de chef de bataillon.

Pendant les Cent-Jours, l'empereur lui confia le ministère de l'intérieur. Depuis le retour des Bourbons, il fut proscrit comme régicide et alla vivre en exil à Magdebourg, où il mourut en 1823.

Carnot a laissé un grand nom, non seulement comme homme politique et comme l'organisateur de la Victoire, mais encore dans la science. Ses travaux en mécanique, sa Géométrie de position et ses Réflexions sur la métaphysique du calcul infinitésimal lui assignent une place d'élite dans le monde savant.

On s'est demandé si la postérité avait assez dignement récompensé la mémoire du grand Carnot et l'on a proposé de lui élever une statue. Un de nos confrères rappelle, à ce sujet, que la ville de Borgerhout, près d'Anvers, avait depuis trente ans payé à Carnot la dette de reconnaissance qu'elle contracta envers lui à l'époque où il fut gouverneur d'Anvers.

Carnot, après être resté à l'écart pendant toute la période heureuse et glorieuse du premier empire, n'avait pas hésité à à l'heure des revers à demander à l'empereur d'employer pour le bien de la patrie son courage et ses connaissances militaires. Il le fit par une lettre qu'il convient de citer toute entière :

Sire, aussi longtemps que le succès a couronné vos entreprises, je me suis abstenu d'offrir à Votre Majesté des services que je n'ai pas cru devoir lui être agréables. Aujourd'hui, Sire, que la mauvaise fortune met votre constance à une grande épreuve, je ne balance plus à vous faire l'offre des faibles moyens qui me restent. C'est peu de chose, sans doute, que l'effort d'un bras sexagénaire, mais j'ai pensé que l'exemple d'un ancien soldat, dont les sentiments patriotiques sont connus, pourrait rallier à vos aigles beaucoup de gens.

CARNOT.

A la suite de cette lettre, la défense d'Anvers fut confiée à Carnot. On sait comment il s'acquitta de la tâche remise à son patriotisme et à sa valeur : il ne rendit la place qu'après l'abdication de Napoléon Ier et répondit à Bernadotte, prince royal de Suède, qui voulait entamer des négociations avec lui : « J'étais l'ami du général français Bernadotte, mais je suis l'ennemi du prince étranger qui tourne ses armes contre ma patrie. »

Lorsque Carnot était arrivé à Anvers, le conseil de guerre français venait de décider la destruction de Borgerhout et de Berchem, communes situées dans les environs de la place qu'il s'agissait de défendre. Au moment où le général Carnot, qui succédait au duc de Plaisance, fit son entrée à Anvers, les mineurs français étaient déjà en train de faire évacuer les maisons de Borgerhout. Les habitants se sauvaient affollés, emportant ce qu'ils avaient de plus précieux. Toute la commune était dans la désolation à l'idée que, dans quelques jours, dans quelques heures peut-être, le faubourg ne serait plus qu'un monceau de décombres.

Les notabilités de Borgerhout résolurent cependant de tenter un dernier effort. Elles se réunirent et rédigèrent une protestation qu'elles envoyèrent au général Carnot, en le priant de venir à Borgerhout, pour se rendre compte de la situation. Le général arriva sur-le-champ et son premier soin fut d'arrêter les opérations. Puis il se fit montrer le plan des opérations, qu'il étudia longuement. Le lendemain, 3 février 1814, à deux heures, une députation de la commune, à la tête de laquelle se trouvaient les notabilités qui avaient fait la première démarche, vint le trouver.

Le général Carnot lui expliqua que Borgerhout et Berchem se trouvant en dehors des fortifications, le conseil de guerre, en présence d'une attaque des alliés, avaient pu juger leur disparition nécessaire.

« Mais, ajouta-t-il, je crois que vos vaillants concitoyens seront en état de se défendre eux-mêmes. Construisez des barricades et formez une garde, je vous enverrai des fusils et des munitions; je verrai plus tard ce qui me reste à faire. »

On pense avec quelle allégresse cette communication fut accueillie

Borgerhout n'oublia pas que Carnot l'avait préservé d'une ruine complète. Les habitants s'unirent pour élever un monument à leur bienfaiteur : l'inauguration eut lieu le 1er mai 1865, à l'endroit dit de Lear. La cérémonie fut imposante et touchante à la fois : toute la population de Borgerhout se pressait sur la place en habits de fête. Plusieurs corps de musique traversaient gaiement la commune, faisant entendre les airs les plus joyeux de leur répertoire. Toutes les maisons étaient pavoisées ; des banderolles, jetées en travers des rues, rappelaient l'objet de la fête dans les légendes entourant des cartouches où des artistes de la localité, avec plus de bonne volonté que de talent, avaient essayé de représenter le général Carnot en costume de gouverneur.

La famille du héros, comprenant son fils et sa belle-fille et ses deux petits-fils, y compris M. Sadi-Carnot, alors âgé de vingt-huit ans, arriva à trois heures, dans la voiture de M. Verhaegen, président de la commission du monument.

La réception se fit au Wuylbeeck, limite de la commune. M. Vercammen, bourgmestre, souhaita la bienvenue à la famille Carnot, puis le cortège se mit en marche.

La cérémonie débuta par un discours de M. Verhaegen, après

lequel la statue, œuvre M. Léonard de Cuyper, fut découverte au milieu des applaudissements enthousiastes de l'assistance. On exécuta ensuite une cantate de M. Storm. M. H. Carnot remercia en excellents termes les autorités de Borgerhout, ainsi que les membres de la commission du monument. « De tous les éloges qui ont été faits de mon bien-aimé père, a-t-il dit, celui qui m'a le plus touché concerne son humanité, et de tous ses titres, c'est évidemment celui que la commune de Borgerhout a surtout eu à cœur de reconnaître. »

On remarqua avec quelle délicatesse M. Carnot éloignait le souvenir de la domination française, se retranchant sur une vertu pour laquelle il n'existe pas de frontières et qui doit être honorée partout.

Le soir, M. Sadi Carnot assista avec son père et son frère à une fête musicale organisée en leur honneur au *Kattenhorf*.

L'illustre conventionnel a laissé deux fils qui ont acquis une notoriété :

L'aîné, Sadi Carnot, était né en 1796, au palais du Luxembourg. Élève de l'École polytechnique, il prit part, avec ses camarades, en 1814, à la défense de Paris, entra ensuite dans le génie et démissionna comme capitaine. Savant distingué, il publia, en 1824, « ses réflexions sur la puissance motrice du feu », ouvrage dans lequel, pour la première fois, les idées nouvelles sur la théorie de la chaleur ont été développées.

Né en 1801, à Saint-Omer, le second fils du grand Carnot est le père du président de la République. Il partagea de 1815 à 1823 l'exil de son père, et ne revint en France qu'après lui avoir fermé les yeux.

Sous la Restauration, il prit part à toutes les luttes du libéralisme. Nommé député de Paris en 1839, il siégea constamment à l'extrême gauche. La révolution de 1848 le fit, pour quelques mois, ministre de l'instruction publique.

Après le coup d'État du 2 décembre, Carnot quitta volontairement la France, et fut élu, en son absence, député de Paris au Corps législatif; mais, ayant refusé de prêter serment, il fut déclaré démissionnaire. Réélu de nouveau, il ne crut pas devoir modifier son attitude. Enfin, en 1864, élu pour la troisième fois à Paris, il alla siéger au Palais-Bourbon, et fit partie de cette courageuse opposition qui n'a cessé de revendiquer avec autant de talent que d'énergie le rétablissement des libertés publiques. Il échoua aux élections de 1869. Envoyé à l'Assemblée nationale par le département de Seine-et-Oise, il prit place dans les rangs de la gauche. Il est sénateur inamovible depuis le vote de la Constitution. Depuis plusieurs années, il préside, en qualité de doyen d'âge, la séance d'ouverture du Sénat.

C'est à ce dernier que nous empruntons les admirables pages qu'on lira plus loin. Elles sont extraites de son histoire de la Révolution Française.

M. Sadi-Carnot, le nouveau président de la République, est le fils de M. Carnot, sénateur inamovible, ancien ministre de la République en 1848, et le petit-fils du grand Carnot. Il est né à Limoges le 11 août 1837. Il reçut à son baptême le nom de Marie-François-Sadi. Ce dernier prénom avait été porté par son oncle, le frère de l'honorable sénateur actuel.

M. Carnot entra à vingt ans à l'École polytechnique avec le numéro 5 ; il sortit ensuite le premier de l'école des ponts et chaussées. Il était ingénieur à Annecy lorsque la guerre avec la Prusse éclata.

M. Sadi-Carnot, au moment de la guerre contre l'Allemagne, était ingénieur des ponts et chaussées à Annecy (Haute Savoie). Après l'investissement de Paris, il fut appelé à Tours puis à Bordeaux par Gambetta, qui utilisa ses services, à côté de M. de Freycinet, pour l'organisation des armées de province.

M. Carnot était à Bordeaux au mois de janvier 1871, lorsque Gambetta le nomma commissaire de la république en Normandie. Voici la dépêche que Gambetta adressa, à ce sujet, au sous-préfet du Havre :

Bordeaux, 14 janvier 1871.

Il importe d'aviser, me disiez-vous dans votre dépêche. C'est ce que j'ai fait, en désignant M. Carnot comme préfet de la Seine-Inférieure et commissaire extraordinaire de la république dans la Seine-Inférieure, l'Eure et le Calvados. M. Carnot a pour mission d'organiser les forces de la Défense nationale dans les trois départements. Il est à la hauteur du rôle important que je lui ai assigné, et j'espère que, votre concours lui étant acquis, il triomphera des difficultés. M. Carnot a quitté Bordeaux hier au soir pour se rendre directement au Havre.

Léon GAMBETTA.

M. Carnot arriva au Havre le 16 janvier. Il trouvait la région presque complètement occupée par l'ennemi. Le département de l'Eure était au pouvoir des Allemands, sauf une partie de l'arrondissement de Bernay, la partie septentrionnale et orientale du Calvados avait été évacuée par nos soldats, et dans la Seine-Inférieure le Havre seul restait libre.

La population havraise, habilement et patriotiquement dirigée par le commandant Mouchez, aujourd'hui contre-amiral et directeur de l'Observatoire, se préparait à une défense énergique. D'accord avec le général Loysel, commandant supérieur, le commandant Mouchez, M. Ramel, sous-préfet du Havre, et M. Guillemard, maire du Havre, M. Carnot prit les dernières mesures pour recevoir l'ennemi comme il le fallait.

En même temps, M. Carnot s'occupait de la situation matérielle des populations. La plus grande misère régnait au Havre et dans les parties non occupées du pays. Le commissaire de la république usant de ses pouvoirs extraordinaires, sut, par quelques décisions heureuses, ramener une sorte de prospérité et empêcher la démoralisation que la famine commençait à causer surtout parmi les ouvriers.

Pendant ce temps là, l'armée du grand-duc de Mecklenbourg s'avançait sur le Havre. Le 18 janvier, les Allemands partaient d'Alençon. Le 21, ils occupaient Orbec. Le même jour, ils étaient à Bernay où les gardes nationaux les tinrent en échec pendant une partie de la journée. Le 25, l'ennemi est concentré à Rouen d'où il se met en marche sur le Havre par Yvetot.

L'armistice (29 janvier) met fin à la guerre.

Il fut élu député à l'Assemblée nationale, le 8 février 1871, par le département de la Côte-d'Or, et constamment réélu aux législatures suivantes par le même département. A la Chambre de 1876, il fut l'un des fondateurs du groupe de la gauche républicaine, qu'il présida quelque temps ; à la Chambre de 1881, il fut membre de l'union démocratique ; à la Chambre actuelle, il faisait partie de la catégorie des indépendants.

Aux dernières élections générales. M. Carnot et MM. Dubois, Joigneaux, Arthur Leroy, Spuller et Lévêque, portés sur la même liste que lui, avaient adressé aux électeurs de la Côte-d'Or, une circulaire, dont voici le passage caractéristique :

Nous voulons affermir et développer les institutions que la France a conquises et dont elle n'entend pas se voir dépouiller. En face de la coalition des partis monarchiques, qui cherchent à relever la tête après la condamnation du pays, le patriotisme nous dicte le devoir de concentrer nos forces et de rechercher ensemble le triomphe des idées qui nous sont communes. Nous sommes unis dans une même pensée politique :

Constituer une majorité qui puisse assurer la réalisation des réformes nécessaires avec la stabilité du pouvoir et la confiance du pays dans son avenir ;

Exiger de tous les citoyens la soumission aux lois du pays ;

Défendre avec résolution les droits de la société civile contre toute invasion du cléricalisme ;

Ecarter les discussions irritantes et stériles, pour réserver le temps et la sollicitude de la Chambre à la discussion des grands intérêts du pays ;

Appeler le principal souci des pouvoirs publics sur les réformes financières et économiques, pour conjurer les effets des crises dont souffrent le commerce, le travail, et surtout la première de nos industries, notre agriculture, et qui atteignent momentanément la prospérité de nos finances.

M. Carnot commença sa carrière gouvernementale comme sous-secrétaire d'Etat de M. de Freycinet aux travaux publics, M. Jules Ferry lui confia ensuite le portefeuille des travaux publics dans le premier ministère dont il eut la direction et qui resta aux affaires du 23 septembre 1880 au 14 novembre 1881.

Dans le ministère Henri Brisson, constitué en avril 1885, M. Sadi Carnot eut le portefeuille des finances. Il le conserva dans le ministère de Freycinet qui suivit. Il fut renversé il y a juste un an ; mais, par un revirement assez curieux, il fut, quelque temps après la chute du cabinet dont il faisait partie, élu au scrutin de liste par la Chambre premier membre de la commission du budget. Il avait déjà d'ailleurs présidé l'une des commissions du budget précédentes et avait fait partie du bureau de la Chambre, avant son dernier passage au ministère, en qualité de vice-président.

Dans la séance du 5 novembre, au cours du débat relatif à l'interpellation de M. Cunéo d'Ornano, qui amena la nomination d'une commission d'enquête, M. Carnot fut l'objet de la part de ses collègues d'une manifestation de sympathie et d'estime qui n'a certainement pas été sans exercer quelque influence sur le choix de l'Assemblée nationale.

Voici d'ailleurs, d'après le *Journal officiel,* le compte-rendu *in extenso* de cet incident ; il s'agissait, on se le rappelle, de la restitution de droits d'enregistrement par le Trésor :

M. ROUVIER, ministre des finances, président du conseil. — Le plus haut magistrat de l'Etat, le président de la République lui-même, je le dirai en toute franchise, sans croire manquer de respect à sa haute personnalité — quand il demande à un de ses ministres d'accomplir un acte, est, à l'égard de ce ministre responsable, dans la situation d'un solliciteur, éminent, hors de pair, assurément, mais qui n'a pas d'ordre à donner ; il formule simplement un conseil, il émet un avis, et le ministre agit sous sa pleine responsabilité et avec une entière liberté. (Vifs applaudissements au centre et à gauche.)

Messieurs, cela est tellement vrai que je recueille ici l'interruption que m'adressait tout à l'heure un de mes honorables collègues de la droite, qui s'écriait qu'un ministre avait refusé la restitution.

Oui, il ressort du dossier qu'un de mes prédécesseurs, l'honorable M. Sadi Carnot, a refusé la restitution qui lui était demandée. (Applaudissements prolongés.)

Je ne connais pas d'argument plus fort, plus démonstratif, plus décisif pour ma thèse que l'acte que vous venez de souligner par vos applaudissements.

M. Gaudin de Villaine. — Je me félicite que mon interruption ait motivé cette manifestation de la Chambre à l'égard de l'attitude prise par M. Sadi Carnot.

M. Carnot a épousé mademoiselle Dupont White, fille du célèbre économiste, l'ami de Stuart Mill, dont le nouveau président de la République a traduit un ouvrage sur la Révolution de Février. Il a quatre enfants. Sa fille est mariée à M. Paul Cunisset, docteur en droit, qui, après un passage au barreau de Dijon, a été nommé avocat général à la cour de Dijon. Son fils aîné, sorti de Saint-Cyr, est sous-lieutenant au 27º régiment d'infanterie, qui tient en ce moment garnison à Dijon. Ses deux autres fils font leurs études dans un des lycées de Paris.

M. Carnot a également deux frères, l'un est un des ingénieurs les plus distingués du corps des mines, et l'autre habite Nolay, le berceau de la famille du grand Carnot.

Voici les extraits du livre remarquable de M. Carnot, doyen du Sénat, et père du président de la République.

L'ANCIEN RÉGIME

Les souffrances matérielles d'un peuple ne suffisent pas pour expliquer ses agitations : ce sont les blessures de l'âme qui saignent le plus. Ici encore, l'emportement de la révolte nous donne la mesure de la compression éprouvée. Si l'on rejeta le passé en masse, si l'on brisa pêle-mêle les traditions religieuses et politiques, si l'on voulut effacer jusqu'aux noms de baptême, renouveler jusqu'à ceux des mois et des jours, c'est que l'ancien régime avait mérité toutes ces antipathies en opprimant les intelligences, en outrageant la liberté humaine.

Quel spectacle offrait-il, en effet, cet ancien régime, au moment où la raison publique se souleva contre lui ?

Dans l'ordre religieux, l'intolérance, les persécutions, les exils, les bûchers même : celui du malheureux Labarre, un enfant, condamné pour avoir manqué de respect aux images du culte, date de 1766 et il n'est pas le dernier ; — dans l'ordre politique, une absence de libertés qui autorisait le jurisconsulte anglais Blackstone à mettre au même rang la France et la Turquie ; — Dans l'ordre moral, l'exemple pestilentiel de la Cour et des hautes classes, qui arrachait à d'Alembert ce cri d'indignation : « La France ressemble à une vipère : tout en est bon, hors la tête » ; et à M. de Guibert ce cri de découragement : « Lorsque la corruption a fait de tels ravages, il est presque impossible d'espérer une régénération ; — Dans l'exercice de la justice, la prodigalité de la peine de mort, avec ses gradations de tortures et ses variétés de formes, selon les rangs des condamnés, la marque, les cachots, le secret des procédures, et la réversibilité des peines sur les familles par la confiscation et l'infâmie ; — Enfin, dans l'ordre civil, des inégalités sociales de toute nature, les humiliations de la personne et les servitudes de la terre.

C'est là qu'il faut chercher les causes de la Révolution, plus encore que dans les misères dont nous venons d'entendre la litanie.

Elle s'est faite pour conquérir la liberté, non pour gagner des améliorations matérielles. Une preuve, c'est ce fait, qu'au moment où elle éclata, grâce aux progrès de la marine française, une période de prospérité, du moins en ce qui regardait le commerce extérieur, venait de s'écouler. Une autre preuve, c'est que la régénération nationale trouva ses principaux artisans dans la classe bourgeoise, celle qu'atteignaient le moins le fléau de la pauvreté et celui de la dépravation.

La bourgeoisie, jugée au point de vue économique, se compose d'hommes qui vivent en partie de leur travail actuel, en partie sur le produit amassé de travaux antérieurs. Cette classe moyenne se multiplie incessamment par l'accession des ouvriers intelligents et économes ; elle était, avant la Révolution, beaucoup moins considérable qu'aujourd'hui ; cependant, depuis longtemps déjà, elle remplissait toutes les carrières industrielles et la plupart des carrières libérales. C'était bien réellement ce qu'on nommait le *tiers État* ; et lorsque Sieyès, dans un pamphlet fameux, proclama que le tiers État était la nation, il traduisit en une formule nette et simple la pensée de tout le monde. Préservée de l'extrême misère qui abrutit, et des dangereuses séductions de l'oisiveté, la bourgeoisie est disposée à considérer les maux de la société sous leur côté moral : c'est chez elle que le despotisme de Louis XIV avait laissé le plus de ressentiments, et que la crapule de Louis XV inspirait le plus de mépris.

Le rôle de la bourgeoisie dans la Révolution française n'était pas chose nouvelle : l'histoire le constate.

Aux états généraux de 1356, on l'avait vue demander une égale répartition d'impôts ; en 1413, elle avait contraint révolutionnairement Charles VI à décréter des mesures pour protéger l'habitant des campagnes contre les abus de la force ; aux états de 1560, elle réclama la suppression des péages à l'intérieur et des douanes aux frontières ; l'année suivante, à Pontoise, elle fit poser en principe le droit de l'État sur les propriétés du clergé ; aux états de 1614, les derniers tenus en France, la bourgeoisie proposa « la liberté du commerce, trafic et manufactures ; » elle demanda l'abolition de la taille, impôt accablant ; elle demanda aussi l'abolition de la vénalité des charges, dont elle profitait à peu près seule : « C'est pour le peuple que nous travaillons, dit un de ses orateurs, Jean Savaron, c'est contre nos intérêts que nous combattons. »

« Les marchands eux-mêmes étaient infectés de l'amour du bien public, qu'ils estimaient plus que leur avantage particulier, » dit madame de Motteville, amie de la régente Anne d'Autriche.

Voilà les états de service de la bourgeoisie ! On n'a rien obtenu et on n'obtiendra rien sans le concert de ses efforts et de ceux du peuple, pour nous servir de l'expression consacrée par l'usage, c'est-à-dire sans l'union de la démocratie émancipée par le travail, avec celle qui va s'émancipant chaque jour.

L'aristocratie fournit aussi des chefs à la Révolution. C'est dans les salons aristocratiques que s'aiguisa l'épée destinée à tuer la noblesse. C'est à la cour des monarques absolus que se réfugiaient les écrivains persécutés pour des livres qui devaient renverser les trônes. Faut-il ne voir ici qu'un aveuglement providentiel ? Non, reconnaissons l'irrésistible puissance du juste et du vrai, qui domine les intelligences à leur insu, qui commande en dépit des intérêts. La classe privilégiée n'avait plus foi dans l'équité de ses privilèges quand la classe déshéritée se révolta contre eux.

Bien des gens se figurent que Louis XVI, par des actes de répression, aurait pu arrêter ce mouvement. C'est peu croyable : on n'arrête pas la pensée d'un siècle.

Il vint un moment, sans doute, où ceux qui avaient ouvert les portes à la démocratie, effrayés de son irruption, tâchèrent de les refermer : beaucoup de gentilshommes philosophes commencèrent à renier leurs principes quand le peuple commença à les réaliser.

Mais, au temps dont nous parlons, tout le monde rêvait de progrès : sur presque tous les trônes de l'Europe, ou à côté des trônes, comme ministres et conseillers, siégeaient des hommes plus ou moins gagnés aux idées modernes et qui travaillaient à les faire pénétrer dans le gouvernement des États.

Toutefois, on ne concevait guère alors les réformes que comme un octroi du souverain. On ne supposait pas qu'elles pussent devenir le prix d'un effort accompli par les peuples eux-mêmes. C'était du *despotisme bienfaisant*. Jean-Jacques Rousseau en fait la théorie quand il veut « forcer l'homme d'être libre ».

Il est vrai que les peuples vivaient encore sous le joug de l'ignorance et des préjugés. L'empereur d'Allemagne, Joseph II, un prince philosophe, ayant tenté d'introduire dans ses États une partie des innovations que notre Assemblée constituante réalisa plus tard, rencontra les résistances les plus obstinées. Autant en arriva au roi d'Espagne, Charles III, lorsqu'il voulut débarrasser les Espagnols du jésuitisme : « Ils sont comme des enfants qui pleurent quand on les nettoie », s'écriait-il.

C'est que ces princes, au lieu d'associer les nations à leurs entreprises réformatrices, voulurent agir sans elles, selon la formule si connue : tout pour le peuple et rien par le peuple.

Le peuple ne s'attache solidement et cordialement qu'aux progrès dont il est lui-même le principal auteur, parce que le travail qu'il fait pour accomplir ces progrès l'élève en force et en moralité. Ceux qu'il doit aux despotes civilisateurs s'incarnent rarement en lui. Ce sont des vêtements mal ajustés à sa taille, qui le gênent au moindre mouvement.

Le progrès n'a que deux voies sûres : l'éducation générale ou les révolutions.

La première est lente, mais elle va au but sans déviation et sans retour : une minorité intelligente convertit à ses idées la majorité.

Les révolutions sont une marche douloureuse, intermittente, sujette à l'erreur et aux réactions ; mais prompte, qui dévore le temps et l'espace : c'est l'action des majorités passionnées.

Quand le suffrage universel sera éclairé et librement pratiqué, peut-être donnera-t-il au progrès le même élan que les révolutions, sans occasionner les mêmes troubles et les mêmes souffrances.

Peu de temps avant la Révolution, des tentatives de réformes avaient été faites en France ; mais entreprises dans un sentiment philanthropique plutôt que dans l'esprit de la liberté générale, elles avaient échoué malgré la confiance que méritaient leurs promoteurs, Turgot et Malesherbes.

Ces deux hommes de bien avaient été appelés au ministère par Louis XVI, qui venait de succéder à son grand-père, de honteuse mémoire. La régularité des mœurs du nouveau roi promettait un règne très différent ; aussi son avénement fût-il salué par de grandes espérances. Louis XVI n'avait jamais connu les passions fougueuses de la jeunesse, jamais non plus ses généreuses aspirations. C'était une nature vulgaire, impuissante, qu'une éducation étroite et bigote avait asservie aux préjugés de caste et aux directions cléricales. Il était donc fort hostile aux idées de la philosophie moderne et à toute prétention de liberté politique ; mais un fond de charité le rendait sensible aux misères de ses semblables, et le disposait à accueillir volontiers les mesures d'amélioration matérielle.

Il eut le bon esprit de choisir deux conseillers que l'opinion lui désignait : Turgot, recommandé par sa belle intendance de la province de Limousin, Malesherbes, par de nobles remontrances sur le régime de contributions imposé au pauvre peuple.

Turgot avait conçu un plan politique, vaste et hardi. C'était une hiérarchie de municipalités électives, dans les villages, dans les villes, dans les arrondissements, dans les provinces, chacun de ces centres nommant des députés au centre immédiatement supérieur ; et les assemblées provinciales composant enfin, par leurs représentants, la municipalité générale du royaume. Ce système aurait pu consolider la monarchie en lui faisant subir une transformation. En homme d'Etat et en homme de cœur, Turgot voulait donner pour assise à son édifice un conseil d'instruction nationale, afin de créer un peuple de citoyens éclairés sur leurs devoirs. Il avait espéré qu'une année ou deux lui suffiraient pour réaliser tout cela ; mais il jugea nécessaire de préparer d'abord le terrain par des lois économiques, et cet ajournement ne fut peut-être pas étranger à son insuccès : apôtre fervent de la liberté personnelle, qui est toujours un fruit de l'éducation, le ministre réformateur semble n'avoir pas assez compris que cette éducation même ne saurait se développer sans la liberté politique.

Il établit d'abord le libre commerce des grains, et plus tard celui des vins, dans tout l'intérieur du royaume. Des droits de douane, et même des prohibitions absolues avaient existé de province à province, et, de là entre elles, au grand préjudice de la production et de la consommation, des inégalités de prix excessives. Il abolit la corvée pour le transport des convois militaires, puis la corvée pour les *chemins du roi,* en la remplaçant par des taxes sur les propriétés foncières. La gabelle allait être attaquée, impôt odieux parce qu'il faisait payer le sel dix fois sa valeur, et parce qu'il prescrivait ce que chacun devait en acheter, besoin ou non. Les résultats de la gestion de Turgot furent tels qu'au bout de deux ans un excédant de recette s'était produit, et que l'on commençait à rembourser l'arriéré. Là prospérité générale avait fait baisser l'intérêt de l'argent jusqu'à quatre pour cent.

Il supprima les jurandes, maîtrises et corps d'état. Saint Louis avait mis les arts et métiers en confréries, organisation très utile dans le principe pour réprimer beaucoup de désordres, pour régulariser le travail et soustraire les artisans aux exactions féodales. Mais les corporations ouvrières devinrent une servitude de nouvelle espèce ; elles constituèrent des monopoles héréditaires, nuisibles aux progrès de l'industrie : ouvrant ou fermant leurs rangs, selon leur bon plaisir, et faisant commerce de la maîtrise, elles exerçaient dans leur sein de véritables tyrannies, en même temps qu'elles pratiquaient l'intolérance au dehors. Chacun était étroitement parqué dans son métier, avec défense sous peine de mort et emprisonnement de sa famille, d'aller tenter meilleure fortune à l'étranger. L'abolition des corporations fut donc un bienfait. Désormais, chaque citoyen se trouva libre d'entreprendre toute espèce d'industrie.

Le caractère moral de l'administration de Turgot ne fut pas moins marqué que ses tendances généreuses en économie politique : liberté des cultes, demandée au roi, malheureusement sans succès ; inviolabilité du secret des lettres, consacrée par un arrêt du conseil ; licenciement de la haute police des salons ; suppression des pots de vin que les fermiers des contributions apportaient aux ministres pour obtenir le renouvellement de leur bail ; n'oublions pas l'exemption de tout droit pour les livres venant de l'étranger.

Ces mesures ne touchaient pas directement aux intérêts des classes privilégiées, qui les laissèrent passer sans réclamation. Mais d'autres étaient annoncées : une réforme de la maison civile du roi, l'établissement d'une proportionalité équitable dans les charges publiques, la conversion des droits féodaux du domaine royal en redevance annuelle, exemple qui deviendrait certainement obligatoire pour les seigneurs. Turgot même faisait circuler un écrit où le rachat des droits féodaux était formellement proposé. Les ministres, d'ailleurs, laissaient la critique s'exercer au sujet des vieilles institutions.

Grand émoi dans le monde qui vivait des abus. Le parlement de Paris refusa l'enregistrement des édits rendus à l'instigation de Turgot. Voici comment les choses se passaient : toute ordonnance royale devait être portée au Parlement pour être inscrite sur ses registres ; s'il ne l'approuvait pas, son président se rendait auprès du roi pour présenter des remontrances, c'est-à-dire des observations respectueuses. Quand le roi insistait, le Parlement avait deux partis à prendre : céder, ce qu'il faisait ordinairement, ou résister ; et alors Sa Majesté tenait un lit de justice et faisait enregistrer la loi d'autorité. La plupart du temps, on transigeait pour éviter ce scandale.

Cette fois, le roi dut user de son pouvoir pour briser la résistance du Parlement. Une conspiration se forma aussitôt dans son entourage contre le ministre économe qui refusait de fournir aux prodigalités de la cour ; et comme ce même ministre avait demandé la validation des mariages protestants, le clergé catholique se joignit à ses ennemis. On employa des armes honteuses : pamphlets anonymes et lettres supposées ; et Louis XVI céda. Turgot fut brutalement congédié, aux applaudissements des salons aristocratiques, mais au grand regret du peuple, qui, malgré les perturbations et les souffrances inséparables de toute réforme, comprenait qu'il perdait un ami ; à la vive douleur de Voltaire, qui avait surnommé Turgot *le père du peuple*, et qui s'écria en apprenant sa disgrâce : « Je suis altéré ; ce coup de foudre m'est tombé sur la cervelle et sur le cœur. »

Nous devons reconnaître dans Turgot une des hautes intelligences philosophiques de notre pays, l'un des précurseurs de la Révolution, son plus hardi théoricien peut-être, car nul autre n'a rompu plus nettement avec les traditions. Il a écrit dans son mémoire sur les municipalités : « Les droits des hommes réunis en société ne sont point fondés sur leur histoire, mais sur leur nature. »

Mais Turgot, dans sa noble impatience des réformes, partageait l'erreur de son temps sur le moyen de les effectuer : « Donnez-moi cinq années de despotisme, disait-il, et la France sera libre. »

Louis XVI lui-même eut conscience de cette erreur : « Turgot est trop entier dans le bien qu'il croit faire, écrivait-il à Malesherbes, le despotisme n'est bon à rien, dût-il forcer un grand peuple à être heureux. » Les réformes de Turgot eurent le sort de toutes les réformes octroyées : elles disparurent avec leur auteur. Les peuples, comme les individus, sont soumis à une belle loi de justice : ils ne doivent jouir que des biens qu'ils ont mérités par leurs labeurs.

Après la chute de Turgot, la corvée fut rétablie : on y ramena les paysans par le bâton. L'édit qui avait affranchi l'exercice des professions industrielles fut révoqué ; il fallut que plus tard (en 1791) l'Assemblée nationale reprît l'œuvre pour la rendre définitive. Le crédit public s'affaissa ; un emprunt destiné à convertir la dette ne se remplit pas, et le gouvernement chercha d'ignobles ressources dans l'institution d'une *loterie royale*.

Tout allait de mal en pis. On eut recours à un homme qui avait acquis dans la finance, fortune et renommée, mais étranger et protestant : pour qu'on passât là-dessus, les embarras devaient être bien pressants. Necker était un administrateur habile ; ceux qui croyaient qu'un État peut se guérir de toutes ses infirmités par des artifices financiers coururent au-devant de lui ; son avènement fut salué par une hausse considérable des effets publics, et il put emprunter à des conditions avantageuses. Il améliora les services, centralisa la comptabilité du trésor, enraya les gaspillages et entreprit de réduire le nombre des offices et des charges, qui s'étaient scandaleusement multipliés sous les derniers règnes. Quelqu'un a essayé de les compter ; il y a renoncé, en les évaluant approximativement à plus de trois cent mille. Louis XIV seul en avait créé quarante mille. Il est vrai qu'il les vendait à des spéculateurs en gros, pour ceux-ci les revendre en détail. L'industrie en était surchargée : elle ne pouvait rien faire sans être contrôlée, mesurée, pesée, tarifée, et surtout rançonnée par les gens du roi. L'exercice de certaines professions était aussi l'objet d'un trafic. Chose inique et absurde ! comme si le travail n'était pas le droit et la gloire de tous les hommes.

Mais ce qui suffirait pour mériter à Necker la reconnaissance nationale, c'est son fameux *compte rendu* des recettes et dépenses, premier exemple de publicité dans les affaires de l'État.

Il réalisa aussi une portion du plan politique de Turgot, en organisant quelques *assemblées provinciales*, chargées de la gérance des intérêts locaux. Ces assemblées devaient relâcher les ressorts du pouvoir que la monarchie avait tendus jusqu'à les user. La tentative échoua, parce que les aspirations universelles avaient déjà beaucoup plus de portée : il s'agissait désormais à la fois d'une émancipation sociale et d'une réforme politique.

Les projets de Necker suffirent cependant, comme ceux de Turgot, pour alarmer tout ce qui profitait du mystère et du désordre. Necker, d'ailleurs, économe des deniers publics, ne les prodiguait pas aux courtisans : s'il remplissait les coffres de l'État, il ne les ouvrait qu'à bon escient. La ligue qui avait renversé son illustre prédécesseur se reforma contre lui ; il succomba, et sa chute fut également suivie d'une réaction : non seulement ses améliorations projetées furent abandonnées, mais on revint sur plusieurs de celles qu'il avait accomplies.

En vain la conscience publique, éclairée par la philosophie, reconnaissait l'égalité naturelle des hommes ; les privilégiés, tout en faisant écho à ces idées dans leurs salons résistaient obstinément à leur application : le ministre de la guerre ferme aux roturiers l'accès des grades dans l'armée, et Louis XVI décide qu'il n'accordera aucun bénéfice dans l'Église à d'autres qu'à des nobles. — En vain le sentiment général proclamait la fraternité des races, un arrêt du conseil encourage la traite des noirs par une prime d'argent. — A ce moment d'essor de la pensée, le clergé réclame des mesures sévères contre les *abus de l'art d'écrire*, le Parlement condamne l'*Histoire philosophique des deux Indes* de Raynal, et la Sorbonne menace les *Époques de la nature* de Buffon, — quand la tolérance épanouit les âmes, l'assemblée du clergé demande des persécutions contre les protestants ; et les évêques menacent le roi lui-même de la colère céleste, parce qu'un édit vient d'attribuer la qualité de citoyens aux non-catholiques. — Enfin, quand la raison humaine revendique les droits du peuple, le prélat officiant au sacre de Louis XVI supprime pour la première fois la question que, suivant une antique forme, il devait adresser à l'assistance : « Acceptez-vous ce prince pour votre roi ? »

Mais, plus fort que ces résistances, un courant entraînait les esprits vers les idées de justice et de liberté : un éclatant exemple en fut donné.

Les colonies anglaises de l'Amérique du Nord, opprimées par la métropole, s'étaient soulevées ; Washington, défendait par les armes le drapeau des nouveaux *États-Unis*, un héros philosophe, Franklin, venait demander pour eux l'appui de la

France. Il se présenta chez l'homme qui personnifiait le mieux les sentiments de notre peuple, chez Voltaire, en le priant de bénir son petit-fils : « Dieu et la liberté ! » s'écria le grand vieillard, posant sa main sur la tête de l'enfant. C'était une adoption, au nom de la France, de la jeune nation qui devait nous précéder dans la carrière des libertés politiques.

L'opinion française se prononça hautement : elle détermina d'abord un groupe chevaleresque, appartenant aux classes aristocratiques, à entreprendre, malgré les défenses du roi, une expédition en faveur des insurgés ; et La Fayette commença l'illustration de son nom en se mettant à la tête de cette généreuse croisade. Bientôt les succès des Américains, et surtout la pression croissante de l'opinion, obligèrent le cabinet de Versailles à reconnaître la nouvelle république, à lui donner son appui et à conclure avec elle un traité de commerce et d'alliance défensive. On eut beaucoup de peine à décider le roi, qui résista longtemps, le dernier de tous ; et l'éloignement bien connu de la reine pour cette cause contribua beaucoup à lui aliéner les esprits. « Après Dieu, c'est à la France que le peuple américain doit sa délivrance, » dit un de nos historiens (Henri Martin).

La France fut récompensée de sa bonne action : l'admirable déclaration d'indépendance des États-Unis, dans laquelle il était impossible de ne pas reconnaître l'influence directe de nos publicistes, l'exemple de ce peuple créateur de sa liberté, le séjour à Paris du républicain Franklin, objet de la vénération universelle, tout cela réagit sur la France d'une manière décisive. Les gentilshommes qui se prononcèrent tout d'abord en faveur de la Révolution, Noailles, Montmorency, Lameth ; les généraux qui commandèrent nos premières armées révolutionnaires, Custines, Rochambeau, Biron, Jourdan, avaient fait la campagne d'Amérique ; noble échange d'hommes et d'idées, qui établit entre les deux peuples une heureuse solidarité.

Il était visible que le divorce, toujours plus prononcé, de l'opinion et du gouvernement, devait amener la perte de celui-ci ; il la hâta par ses fautes.

LA CAMPAGNE DE DIX-SEPT MOIS

(1792)

Au moment où le comité de salut public entra en fonctions, nos armées étaient désorganisées ou forcées à la retraite; la place de Condé était occupée par les Autrichiens, celle de Valenciennes par les Anglais, celle de Mayence par les Prussiens; les coalisés assiégeaient Maubeuge, notre dernier rempart peut-être; ils avaient établi un camp entre Péronne et Saint-Quentin. D'un autre côté l'insurrection gagnait du terrain en Provence, dans la Gironde, la Vendée, la Normandie; elle n'avait que peu de distance à franchir pour donner la main aux étrangers; somme toute, soixante départements en proie à l'invasion et à la guerre civile. « Jamais État ne se trouva dans une situation plus alarmante et ne parut si près de sa ruine, » dit un historien militaire (Jomini).

Frappés de ces dangers imminents, les commissaires des Assemblées primaires de toute la France, réunis à Paris pour l'acceptation de la constitution nouvelle, demandèrent une levée générale des citoyens en état de porter les armes. Devant la hardiesse d'une pareille mesure, la Convention hésitait; elle en renvoya l'examen au comité de salut public. C'est alors que Carnot y fut appelé; et deux jours après était rendu le décret de la levée. « Il a sauvé la France, » s'écriait cinq ans plus tard le général Jourdan.

Les trois membres du comité de salut public spécialement chargés des services militaires, Carnot, Robert Lindet et Prieur (de la Côte-d'Or) se mirent aussitôt à l'œuvre. Il fallait unifier les éléments les plus divers, assembler les conscrits du jour avec les conscrits de toutes les dates et de toutes les origines. Carnot donna de l'homogénéité à ce chaos; il fouilla les rangs pour en faire émerger les supériorités, composa d'excellents états majors, et mit à la tête de nos bataillons républicains ces généraux inconnus la veille, qui ont jeté tant d'éclat et assuré l'indépendance de la patrie.

A ces jeunes chefs, à ces soldats improvisés, l'ancienne tactique ne convenait plus : elle les eût placés dans une condition d'infériorité devant les vétérans de la Prusse et de l'Autriche. Il leur fallait un mode de combat inusité, qui déroutât de tels adversaires et qui donnât carrière à l'impétuosité de notre jeunesse ; il fallait à celle-ci de prompts succès pour lui inspirer la confiance de ses forces.

La France va présenter un spectacle unique dans l'histoire : la nation formera une seule armée, ayant son quartier-général à Paris ; l'impulsion partira du palais des Tuileries où siège le comité de salut public ; et les quatorze phalanges guerrières qui défendent le territoire agiront seules ou combinées, comme autant de régiments sur un champ de bataille.

L'effectif de nos soldats était en février 1793 de deux cent vingt-huit mille ; il alla croissant jusqu'à un million vingt-six mille, en septembre 1794. C'était insuffisant pour faire face à la multitude des assaillants sur toutes les frontières à la fois. Il fallut doubler, tripler ces forces par la rapidité des évolutions, en fusionnant promptement plusieurs armées dans une seule main, de manière à se trouver tout à coup supérieur à l'ennemi, dans l'endroit où l'on voulait triompher.

Les grands capitaines ont souvent pratiqué la méthode de concentrer leurs forces sur un point du champ de bataille, pour s'y assurer une victoire complète, et rendre insignifiants les avantages partiels obtenus ailleurs par l'adversaire. — La nouvelle stratégie, c'est son mérite, transporta cette méthode sur un théâtre immense, embrassant à la fois toutes les frontières d'un vaste pays.

Ce qui lui donna une valeur formidable, c'est l'unité ; unité à laquelle les généraux de la coalition opposaient des volontés isolées, souvent rivales ; c'est la confiance enthousiaste que cette manière de combattre en masse inspirait aux soldats : ils se croyaient invincibles.

L'intérieur de la France ne déployait pas moins d'activité que ses frontières : nos savants les plus illustres, Monge, Berthollet, Guyton de Morveau, enseignaient la fabrication de la poudre et des canons ; Prieur montrait comment on lessive les caves pour en extraire le salpêtre ; et les citoyens apportaient triomphalement à la Convention le fruit de leur travail. Une manufacture générale d'armes s'était établie sur l'esplanade des Invalides, dans le jardin du Luxembourg et sur d'autres emplacements ; deux cent cinquante-huit forges y fonctionnaient, dirigées par les plus habiles ouvriers de Paris ; elles produisaient mille canons de fusils par jour. Les chevaux, les bêtes de somme, les armes de guerre et de luxe, tout était offert spontanément.

Voilà les moyens matériels. Quant aux moyens moraux, les voici : un décret de *bien mérité de la Patrie* pour le corps qui s'était distingué ; l'inscription au Panthéon pour le nom de l'homme, général ou soldat, qui avait héroïquement succombé ; un sabre d'honneur pour les braves. Des rapports lus à la Convention, des articles imprimés dans le *Défenseur de la Patrie*, faisaient connaître les actions d'éclat et entretenaient la noble émulation du civisme et du dévouement ; les représentants auprès des armées, par l'étendue de leurs pouvoirs sur les chefs les plus élevés, prévenaient les abus du militarisme, et par leur empressement à partager les fatigues et les périls de la guerre, savaient maintenir haut le prestige de l'Assemblée nationale.

« Ces forces immenses et les moyens employés pour les mettre en mouvement sont la conception la plus étonnante et la plus hardie que nous ait transmise l'histoire des nations, » dit un écrivain royaliste (Fantin Désodoars).

Voyons les résultats :

Les Anglais assiégeaient Dunkerque, place de guerre maritime, qu'ils s'étaient d'avance réservée comme leur quote-part de nos dépouilles. Sa perte aurait eu des suites incalculables et un effet moral terrifiant. Nos défenses étaient faibles ; un brave général, mais de talent médiocre, Houchard y commandait, heureusement secondé par deux jeunes officiers sortant à peine des rangs inférieurs, Hoche et Jourdan. Douze mille hommes détachés des armées du Rhin et de la Moselle vinrent leur rendre possible la victoire d'Hondschoote (8 septembre 1793) ; le siège de Dunkerque fut levé.

Une autre forteresse, bien autrement importante encore, était également menacée : si Maubeuge tombait dans les mains des Autrichiens, rien n'arrêtait leur marche vers Paris. Carnot, témoin des services rendus par Jourdan à Hondschoote, le désigna pour commander en chef les armées réunies du Nord et des Ardennes ; et il alla porter lui-même au jeune général l'aide de son expérience. Le prince de Cobourg investissait Maubeuge par des positions qu'il croyait inexpugnables : « Les Français sont de fiers républicains, disait il ; s'ils me chassent d'ici, je me fais républicain moi-même. » Nos soldats essayent d'enlever les retranchements de l'ennemi, ils sont repoussés plusieurs fois ; la nuit vient, l'armée française en profite pour changer son plan d'attaque ; toutes les forces sont portées sur un même point. Le lendemain, au jour naissant, les Autrichiens se voient assaillis par une colonne, ayant à sa tête, avec le général Jourdan, les deux représentants du peuple, Carnot et Duquesnoy, revêtus de leurs écharpes tricolores et leurs chapeaux sur la pointe du sabre. Rien n'arrête l'élan des républicains : ils envahissent le plateau de Wattignies, qui va donner son nom à leur victoire ; les impériaux en sont chassés ; Cobourg est obligé de mettre la Sambre entre lui et ses vainqueurs, en se donnant la consolation de les qualifier d'*enragés*. « C'étaient autant de héros ! » dit Jourdan. La délivrance de Maubeuge (16 et 17 octobre 1793) souleva des transports d'enthousiasme.

L'autre héros d'Hondschoote, Hoche, nommé à vingt-cinq ans général en chef des armées réunies du Rhin et de la Moselle entre en scène à son tour.

Plein d'une ardeur exubérante, il fait une imprudence, et éprouve à Kaiserslautern une perte d'hommes assez considérable. Carnot lui écrit : « Un revers n'est pas un crime, lorsqu'on a tout fait pour mériter la victoire. » Et le jeune général rachète sa faute par de brillants faits d'armes.

Les lignes de Wissembourg avaient été forcées. On donne ce nom aux fortifications qui longent le cours de la Lauter et qui, protégeant la frontière, sont considérées comme le boulevard de l'Alsace. Haguenau et le fort Vauban étaient tombés dans les mains de l'ennemi ; seule, la forteresse de Landau

résistait encore, mais investie à la suite d'un bombardement.
Hoche reprit victorieusement les lignes, dégagea Landau (26
décembre 1793) et contraignit l'ennemi de repasser le Rhin.
Ses mouvements militaires avaient été puissamment secondés
par la présence de plusieurs commissaires de la Convention.
Saint-Just particulièrement déploya dans cette circonstance
une activité et une habileté qui ne furent egalées que par son
implacable énergie.

Ces trois grandes opérations, la délivrance de Dunkerque,
celles de Maubeuge et de Landau, permirent à la France de
respirer. Barrère, en les annonçant à la Convention, dit que
l'armée s'était constituée en victoire permanente.

Il n'en était pas de même aux Alpes et aux Pyrénées, où
les succès étaient mêlés de quelques revers. Mais les grands
dangers ne venaient pas de là ; et l'on peut dire que dès le
commencement de 1794, la République était partout triom-
phante dans sa défense.

Si l'émigration de beaucoup d'officiers avait désorganisé les
états-majors de l'armée de terre, elle avait affaibli plus sensi-
blement le corps de la marine, où les nobles servaient en
grand nombre. Son matériel aussi avait subi des pertes consi-
dérables, une trahison ayant livré aux Anglais la flotte et
l'arsenal de Toulon. Nous ne pouvions donc pas espérer des
succès sur mer. Mais du moins la valeur républicaine s'y té-
moigna glorieusement dans la bataille du 1er juin 1794, l'une
des plus terribles dont l'Océan ait jamais été le théâtre. Il s'y
accomplit un de ces actes d'héroïsme qui retentissent au loin
dans l'histoire : les marins du *Vengeur*, voyant couler le na-
vire, refusèrent d'amener leur pavillon et descendirent dans
les flots au cri de : *Vive la République* ! Une partie des nau-
fragés fut heureusement recueillie par les embarcations de
l'ennemi. Nous perdîmes six vaisseaux, ou plutôt six car-
casses de vaisseaux, selon l'expression de Jean-Bon Saint-An-
dré dans son rapport à la Convention. Mais les bâtiments vainqueurs s'éloignèrent presque aussi désemparés que les nôtres;
et le but du combat fut atteint, car il s'agissait de protéger un
convoi de deux cents navires chargés de blés américains, et ce
convoi put en effet gagner les ports de France.

Malgré les échecs qu'ils avaient éprouvés sur nos frontières du Nord, les coalisés y occupaient toujours les places de Valenciennes, de Condé et du Quesnoy ; ils espéraient au printemps s'élancer de là sur notre seconde ligne de forteresses, puis marcher vers Paris pour y étouffer la Révolution. L'empereur d'Allemagne se rendit lui-même sur le théâtre de la guerre afin de prendre part au triomphe.

Mais Carnot, en prévision de ces projets, avait combiné des opérations militaires destinés à les déjouer. Un grand coup fut frappé : l'armée de la Moselle, rapidement jointe à celle du Nord et à celle des Ardennes, remporta dans les champs de Fleurus une victoire complète (26 juin 1794). Jourdan y commandait en chef et Saint-Just y assistait comme représentant du peuple.

L'adversaire de Jourdan, le prince de Cobourg, se retira avec ses soldats découragés derrière la Meuse, et finit par abandonner la partie, que son successeur Clerfayt continua sans espoir de succès. Les Français entrèrent le 6 juillet à Cologne, le 8 à Bonn, puis à Coblentz, quartier-général des émigrés.

L'empereur d'Autriche, voyant la fortune tourner contre lui, avait quitté son armée quelques jours avant la bataille de Fleurus, pour reprendre le chemin de Vienne, où d'autres soins l'appelaient.

Depuis assez longtemps les liens de la coalition s'étaient relâchés ; les vautours de la Pologne, acharnés sur cette proie, s'occupaient moins de la France. Pauvre Pologne ! destinée à nous aider, même par ses malheurs. Elle fut, sous prétexte de menées démagogiques, envahie de nouveau par la Prusse, d'accord avec la Russie, qui décidèrent ensemble un second partage, sans même en donner connaissance à l'Autriche. Celle-ci poursuivait avec persévérance un projet d'échange des Pays-Bas contre la Bavière, échange rendu très problématique par ses défaites. Elle comptait sur une campagne heureuse et rapide, qui eût permis de faire payer à la France les frais de la guerre. Mais cet espoir fut trompé dès les premières rencontres : la vieille tactique, qui avait encore conservé sa supériorité pendant la campagne de 1793 en Belgique, cédait désormais devant les armes de la Révolution : nos jeunes officiers avaient fait leur apprentissage, nos jeunes soldats avaient acquis de l'expérience, notre organisation militaire s'était complétée; et l'inflexible énergie des terroristes, écrasant les résistances intérieures, laissait toutes les forces de la nation se consacrer à la défense des frontières.

Le mécontentement des cabinets se traduisait en colloques diplomatiques assez vifs. La Prusse menaçait de réduire son contingent militaire si on ne lui faisait pas une part suffisante de butin. Tous se disputaient sur l'emploi des troupes subsidées, que chacun prétendait utiliser au mieux de ses intérêts, tel dans les provinces belges, tel autre sur le Rhin; de là les ordres contradictoires que ces troupes recevaient à chaque instant. Le gouvernement anglais lui-même, qui s'était constitué « payeur-général de la coalition » (mots de Barrère), ne réussissait pas à obtenir que l'on se servît de son argent pour empêcher la Belgique de devenir française, tandis que la Prusse dépensait cet argent à soumettre la Pologne.

Nos adversaires s'accusaient réciproquement de mauvais vouloir, même de perfidie et de trahison. L'Autriche se plaignait de ne point trouver chez les Prussiens l'aide qu'elle était fondée à en attendre; les Prussiens reprochaient à l'Autriche d'abandonner volontairement les Pays-Bas, possession plus embarrassante pour elle qu'avantageuse; car la population s'y montrait fort peu sympathique à ses anciens maîtres, et les officiers impériaux eux-mêmes demandaient la fin de la guerre, dût-on céder ces provinces.

Des deux parts, Prusse et Autriche, on se soupçonnait de secrets arrangements avec la République française, cet objet d'une horreur officielle. Des arrangements eurent lieu; mais qui en prit l'initiative? Les publicistes d'outre-Rhin discutent encore avec vivacité ce problème historique, qui les intéresse plus que nous. Ce qui est acquis, c'est le fait de leur désaccord, si grand, dit-on, que la Prusse, dans les négociations, se montra plus jalouse d'écarter l'Autriche des rives du Rhin que de les refuser à la France.

Le cabinet de Berlin paraît s'être déterminé le premier à des relations moins hostiles. On en trouve un témoignage, dès le commencement de juillet 1794, dans un échange de prisonniers, signé à Landau, avec cette suscription : « Le roi de Prusse à la République française. » Aussi l'impératrice Catherine, devenue maîtresse absolue des destinées de la Pologne par un affreux triomphe de Suwaroff (le massacre de Praga). Catherine, qui l'année précédente avait favorisé les prétentions de la Prusse, pour punir l'Autriche de sa négligence à défendre la Belgique, fit maintenant tout l'opposé pour punir la Prusse d'avoir conduit avec mollesse sa guerre contre la France. Elle commença naturellement par s'attribuer à elle-même une double part du gâteau ; elle en fit une moindre à l'Autriche, et elle réduisit notablement celle de la Prusse. La politique de l'autocrate, pendant ces conflits d'avidité monarchique, fut constamment de mettre sa faveur à l'enchère, et de faire de la malheureuse Pologne l'enjeu de sa haine contre nous. Dans le traité qui accompagna le nouveau partage, l'Autriche dut s'engager, par une déclaration secrète, à soutenir l'ambition russe en Moldavie, Valachie et Bessarabie, moyennant quoi la Russie promettait de l'aider à se procurer un dédommagement, soit en France, soit en Italie.

Ces projets furent mis à néant par nos succès militaires.

Tandis que Jourdan poussait les Autrichiens jusqu'au Rhin, Pichegru pénétrait en Hollande, occupait Amsterdam ; et sa cavalerie, traversant le Zuydersée sur la glace, allait s'emparer de la flotte ennemie.

L'invasion de la Hollande « brisa le noyau de la coalition, » dit Carnot. Le parti démocratique dans ce pays, applaudissant à l'arrivée des Français et profitant de leur présence, renversa le stathouder, et proclama la République des Provinces-Unies, sans exercer aucunes représailles. Bientôt la Belgique demanda hautement son annexion à la France.

Un dernier trait d'audace du comité de salut public acheva de déconcerter nos adversaires.

Les quatre places de Landrecies, Condé, Valenciennes et le Quesnoy étaient demeurées aux mains des Autrichiens. Munitions et soldats nous manquaient pour les reprendre. Le comité eut une pensée que l'on ne manquerait pas d'appeler téméraire si elle eût échoué dans l'exécution. Comptant sur la terreur inspirée par ses dernières victoires, il fit sommer les garnisons de se rendre à discrétion sous peine d'être exterminées. « Nos menaces furent d'autant plus violentes que nous étions moins en mesure de les exécuter, » raconte Carnot dans son rapport sur l'évènement. Les quatre places furent soumises dans les vingt-quatre heures. C'est pour annoncer la reprise de Condé que l'on fit le premier usage du télégraphe aérien. C'est à Fleurus que pour la première fois on avait employé un ballon captif pour observer les mouvements de l'ennemi.

En traçant un historique rapide de cette grande campagne, qui dura dix-sept mois, nous avons seulement cité les faits qui eurent une importance capitale pour le salut de la République : Hondschoote, Wattignies, Landau, Fleurus.

En voici d'ailleurs le résumé, extrait du rapport général de Carnot :

Vingt-sept victoires, dont huit en bataille rangée ;

Cent vingt combats de moindre importance ;

Quatre-vingt mille ennemis tués ;

Quatre-vingt-onze mille prisonniers ;

Cent seize place ou villes importantes prises, dont six après siége et blocus ;

Deux cents trente forts ou redoutes ;

Trois mille huit cents bouches à feu ;

Soixante-dix mille fusils ;

Dix-neuf cents milliers de poudre ;

Quatre-vingt-dix drapeaux.

La Convention décréta que ce tableau demeurerait affiché dans le lieu des séances, et qu'il serait imprimé en livrets, distribués aux soldats et aux citoyens.

Nous ne saurions mieux terminer ce petit volume qu'en donnant place au remarquable message de M. le Président de la République, et il prouvera que dans cette famille le sentiment républicain se conserve intact et fidèle.

MESSAGE DU PRÉSIDENT DE LA RÉPUBLIQUE

Messieurs les sénateurs,
Messieurs les députés,

En élevant à la présidence de la République nn des plus modestes serviteurs de la France, l'Assemblée nationale m'a décerné un honneur dont je sens tout le prix.

Elle m'a, en même temps, imposé de grands devoirs.

Tout ce que j'ai de force et de dévouement appartient à mon pays et je m'attacherai sans relâche à justifier la confiance de l'Assemblée nationale.

J'ose espérer que le Sénat et la Chambre des députés voudront accorder à mes efforts leurs concours patriotiques..

Le Parlement a clairement marqué, dans la journée du 3 décembre, le but vers lequel doit tendre le gouvernement de la République.

En même temps qu'il donnait l'imposant spectacle d'une grande assemblée accomplissant avec dignité le mandat qu'elle tient de la Constitution et montrait quelles garanties offre au pays le fonctionnement régulier de nos institutions républicaines, il proclamait hautement sa volonté d'écarter toute cause ne dissentiment.

Le souci des intérêts vitaux de la patrie, de son renom aux yeux de l'Europe, de sa légitime influence au dehors commandait l'union à tous les représentants dévoués aux institutions du pays, et une même pensée de patriotisme à concentré sur un seul nom tous leurs suffrages.

Pour celui des Français à qui est échu le grand honneur de recueillir vos suffrages, le premier devoir est de s'inspirer d'un si évident esprit de concorde et d'union.

Le gouvernement s'efforcera de rendre facile l'accord nécessaire de vos volontés en vous appelant sur le terrain commun des intérêts moraux et matériels de la nation.

Avec l'apaisement, la sécurité, la confiance, il voudra assurer au pays les progrès réfléchis, les réformes pratiques destinées à encourager le labeur national, à fortifier le crédit, à amener la reprise des affaires et à préparer les grandes assises industrielles de 1889.

Il se préoccupera des mesures qui touchent les conditions du travail et d'hygiène, de la mutualité et de l'épargne.

Il s'attachera à l'amélioration des finances, au sérieux équilibre des budgets, à la simplification du fonctionnement administratif et judiciaire, et à l'irréprochable gestion des affaires publiques.

Il fera dans ses préoccupations une large place à nos armées de terre et de mer, dont l'honneur et les intérêts nous sont particulièrement chers.

Aux Chambres, il appartient d'assurer au gouvernement la puissance de réaliser ce programme et de préparer au pays une ère durable d'activité ordonnée, paisible et féconde.

Elles donneront ainsi à l'Europe le gage les plus précieux de l'ardent désir qu'à la France de contribuer à l'affermissement de la paix générale, et rendront faciles le maintien et le développement de ses bons rapports avec les puissances étrangères.

L'imposante manifestation du 3 décembre m'autorise, messieurs les sénateurs, messieurs les députés, à faire hautement appel à votre patriotisme pour une politique de progrès, d'apaisement et de concorde.

Fort de votre concours, bien pénétré de ce qui est le vœu ardent du pays, comme son plus impérieux besoin, le gouvernement saura être le gardien vigilant et résolu de la Constitution et des lois,

C'est ainsi que la France, respectée au dehors, calme et prospère au dedans, pourra se préparer, dans la paix et dans le travail, à célébrer dignement le grand centenaire de 1789.

Le président de la République,

Signé : CARNOT.

Par le président de la République,
Le présient du conseil, ministre des finances,

Signé : P. TIRARD.

Le ministre de l'intérieur,

Signé : F. SARRIEN

IMPRIMERIE DE POISSY. — S. LEJAY ET Cie.

A mesure que la République, au prix des plus grands sacrifices, répand l'instruction dans toutes les classes de la société, le besoin de lire devient chaque jour plus grand, le champ de la curiosité intellectuelle s'élargit; déjà, par la presse, des notions sommaires circulent à travers la masse des citoyens, éveillent en eux la volonté de connaître plus complètement les hommes et les œuvres dont le nom passe sans cesse sous leurs yeux!

Mais, pour satisfaire ces légitimes aspirations, que d'obstacles surgissent devant la grande majorité des lecteurs. D'une part, le prix élevé des livres; d'autre part, la difficulté de faire un choix, d'opérer une sélection dans la liste parfois considérable des ouvrages de chaque auteur.

Ces considérations nous ont déterminé à fonder, sous le titre : *Les Livres du Peuple*, une bibliothèque républicaine qui, sous un format élégant, et pour un prix insignifiant, fournira aux hommes avides à la fois d'instruction et de saines distractions l'aliment généreux et réconfortant dont notre littérature française est une source inépuisable.

Dix centimes le volume, 36 pages de texte, contenant une œuvre ou des fragments d'œuvres à la fois intéressants et instructifs, signées des noms les plus illustres de notre pays; c'est là que nous avons trouvé la solution du problème. Chaque semaine, dans la chambre du travailleur un nouvel hôte viendra s'asseoir pour lui donner des enseignements ou éveiller son imagination, et à la fin de l'année, ces volumes formeront une sorte d'encyclopédie de la pensée humaine.

Des illustrations soignées y ajouteront un attrait particulier.

Nous estimons que, dans le développement de la conscience républicaine, dans la notion juste des droits et des devoirs, réside l'avenir de notre pays. Nous avons la ferme conviction qu'il faut combattre par l'instruction rationnelle les enseignements mystiques et faux du cléricalisme. Notre Bibliothèque sera une arme de propagande démocratique et nous avons l'espoir que le public nous aidera à la porter haute et ferme dans la lutte de l'obscurantisme contre la pensée libre.

Histoire, philosophie, théâtre, romans, sciences physiques et naturelles, industrie, toutes les branches des connaissances humaines trouveront place dans *les Livres du Peuple*.

Nous avons confié la direction de cette œuvre éminemment utile à M. Jules Lermina, dont le républicanisme éprouvé, le talent littéraire et la grande érudition sont pour tous le garant des tendances qui seront imprimées à notre Bibliothèque et du goût qui présidera au choix des publications. Tous les républicains voudront lire et propager ces excellents livres.